Impressum
Verlag: BABADADA GmbH, Nedderfeld 112 , 22529 Hamburg
Geschäftsführer / Verlagsleitung: Harald Hof
Druck: Books on Demand GmbH, In de Tarpen 42, 22848 Norderstedt

Imprint
Publisher: BABADADA GmbH, Nedderfeld 112 , 22529 Hamburg, Germany
Managing Director / Publishing direction: Harald Hof
Print: Books on Demand GmbH, In de Tarpen 42, 22848 Norderstedt, Germany

ትምህርት ቤት

kool

መማሪያ ክፍል
klassiruum
ማካፈል
jagama
186/2
ሰሌዳ
tahvel
የትምህርት ቤት ቅጥር ግቢ
koolihoov
መምህር
õpetaja
ወረቀት
paber
kirjutama
እስክሪብቶ
pastapliiats
መፃፊያ ጠረጴዛ
kirjutuslaud
ማስመሪያ
joonlaud
መጽሐፍ
raamat
ተማሪ
õpilane

የጀርባ ቦርሳ

koolikott

የእርሳስ መያዣ

pinal

እርሳስ

harilik pliiats

የእርሳስ መቅረጫ

pliiatsiteritaja

ላጲስ

kustukumm

የስዕል ደብተር

joonistusplokk

2 ትምህርት ቤት - kool

ስዕል

joonistus

የቀለም ብሩሽ

pintsel

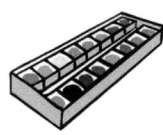

የቀለም ሳጥን

värvikarp

መቀስ

käärid

ማጣበቂያ

liim

መልመጃ ደብተር

töövihik

የ ት ስራ

kodutöö

ቁጥር

number

መደመር

liitma

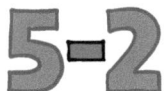

መቀነስ

lahutama

ማባዛት

korrutama

ቁጥሮችን ማስላት

arvutama

ደብዳ

täht

ፊደላት

tähestik

ቃል

sõna

ፅሑፍ

tekst

ማንበብ

lugema

ጠመኔ

kriit

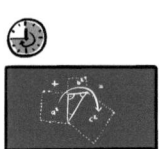

ትምህርት

koolitund

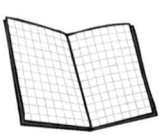

ምዝገባ

klassipäevik

ፈተና

eksam

ሰርተፊኬት

tunnistus

የትምህርት ቤት የደንብ ልብስ

koolivorm

ትምህርት

haridus

አዉደ ጥበብ

entsüklopeedia

ዩኒቨርስቲ

ülikool

የምርምር አጉሊ መሳርያ

mikroskoop

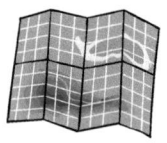

ካርታ

kaart

የቆሻሻ ወረቀት መጣያ ቅርጫት

paberikorv

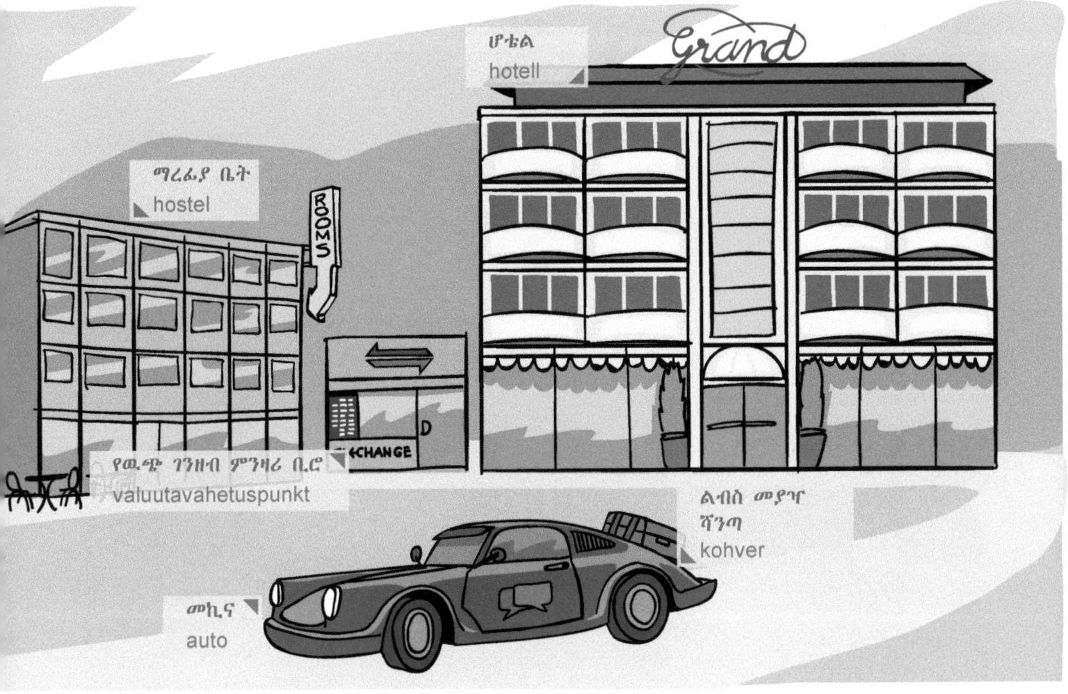
ሆቴል
hotell
Grand
ማረፊያ ቤት
hostel
ROOMS
የዉጭ ገንዘብ ምንዛሪ ቢሮ
valuutavahetuspunkt
ልብስ መያዣ
ሻንጣ
kohver
መኪና
auto

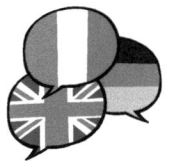

ቋንቋ

keel

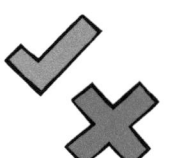

አዎ/ አይደለም

jah / ei

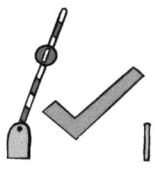

እሺ

okei

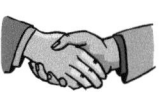

ሰላም

Tere!

አስተርጓሚ

tõlk

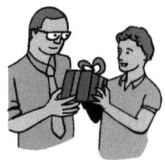

አመሰግናለሁ

Aitäh!

ስንት ነዉ.......?

Kui palju maksab ...?

አልገባኝም

Ma ei saa aru

እክል

probleem

እንደምን አመሹ!

Tere õhtust!

እንደምን አደሩ!

Tere hommikust!

መልካም ምሽት!

Head ööd!

ደህና ይሰንብቱ

Head aega!

አቅጣጫ

suund

ሻንጣ

pagas

ቦርሳ

kott

የጀርባ ቦርሳ

seljakott

እንግዳ

külaline

ክፍል

tuba

የመተኛ ቦርሳ

magamiskott

ድንኳን

telk

የጎብኚዎች መረጃ

turismiinfo

የባህር ዳርቻ

rand

ክሬዲት ካርድ

krediitkaart

ቁርስ

hommikusöök

ምሳ

lõunasöök

እራት

õhtusöök

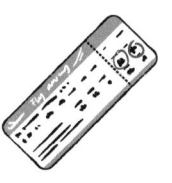

ቲኬት

pilet

አሳንሰር

lift

ማህተም

postmark

ድንበር

riigipiir

ባህሎች

toll

ኤምባሲ

saatkond

ቪዛ/የይለፍ ወረቀት

viisa

ፓስፖርት

pass

መጓጓዣ

transport

አዉሮፕላን
lennuk
መርከብ
laev
የእሳት አደጋ መኪና
tuletõrjeauto
አዉቶብስ
buss
የጭነት መኪና
veoauto
የሞተር ጀልባ
mootorpaat
ብስክሌት
jalgratas
መኪና
auto

የማመላለሻ ጀልባ

praam

ጀልባ

paat

የሞተር ብስክሌት

mootorratas

የፖሊስ መኪና

politseiauto

የዉድድር መኪና

võidusõiduauto

የኪራይ መኪና

rendiauto

የመኪና መጋራት

ühisauto

ጎታች መኪና

puksiirauto

የቆሻሻ ጭነት መኪና

prügiauto

ሞተር

mootor

ነዳጅ

kütus

የቤንዚን ማደያ

tankla

የመንገድ ምልክት

liiklusmärk

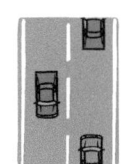

የመኪኖች እንቅስቃሴ

liiklus

የመኪና መጨናነቅ

liiklusummik

የመኪና ማቆሚያ

parkla

የባቡር ጣቢያ

raudteejaam

የባቡር ሀዲዶች

rööpad

ባቡር

rong

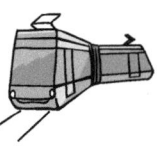

የኤሌክትሪክ ባቡር

tramm

ሰረገላ

vagun

ሄሊኮፕተር

helikopter

አየር ማረፊያ

lennujaam

ማማ

torn

መንገደኛ

reisija

ማስቀመጫ፤ ማጠራቀሚያ

konteiner

ካርቶን እቃ ማሸጊያ

pappkast

ጋሪ፤ ተሳቢ

käru

ቅርጫት

korv

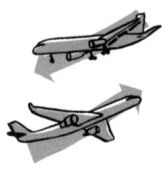

መነሳት/ ማረፍ

õhku tõusma / maanduma

ከተማ

linn

መንደር

küla

የከተማ ማዕከል

kesklinn

ቤት

maja

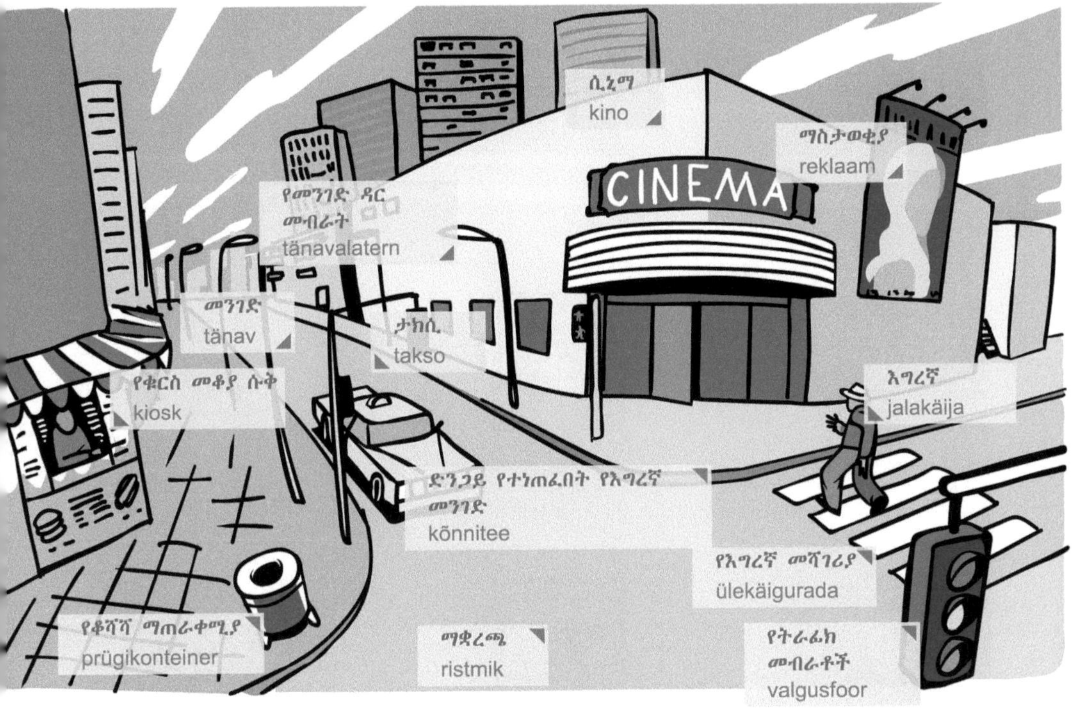

ሲኒማ
kino
CINEMA
ማስታወቂያ
reklaam
የመንገድ ዳር መብራት
tänavalatern
መንገድ
tänav
ታክሲ
takso
የቁርስ መቆያ ሱቅ
kiosk
እግረኛ
jalakäija
ድንጋይ የተነጠፈበት የእግረኛ መንገድ
kõnnitee
የእግረኛ መሻገሪያ
ülekäigurada
የቆሻሻ ማጠራቀሚያ
prügikonteiner
ማቋረጫ
ristmik
የትራፊክ መብራቶች
valgusfoor

ጎጆ

osmik

አፓርታማ

kortermaja

የባቡር ጣቢያ

raudteejaam

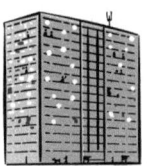

የከተማ አዳራሽ

raekoda

ቤተ መዘክር

muuseum

ትምህርት ቤት

kool

ዩኒቨርስቲ

ülikool

ባንክ

pank

ሆስፒታል

haigla

ሆቴል

hotell

መድሐኒት ቤት

apteek

ቢሮ

kontor

መፅሐፍ መሸጫ

raamatupood

ሱቅ

kauplus

የአበባ መሸጫ

lillepood

የሸቀጣ ሸቀጥ መደብር

supermarket

ገበያ ስፍራ

turg

መደብር

kaubamaja

የዓሳ ነጋዴ

kalapood

የገበያ ማዕከል

kaubanduskeskus

ወደብ

sadam

መናፈሻ ቦታ

park

አግዳሚ ወንበር

pink

ድልድይ

sild

ደረጃዎች

trepp

ዉስጥ ለዉስጥ

metroo

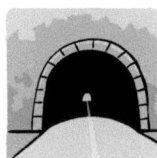

ዋሻ

tunnel

የአዉቶቡስ ፌርማታ

bussipeatus

ባር

baar

ምግብ ቤት

restoran

የፖስታ ሳጥን

postkast

የመንገድ ምልክት

tänavasilt

የመኪና ማቆሚያ ሒሳብ የሚያሰላ ማሽን

parkimisautomaat

የደር እንስሳት ማቆያ

loomaaed

የመዋኛ ገንዳ

ujula

መስጊድ

mošee

እርሻ
....
talu

የሚበክል ነገር
....
reostus

መቃብር ስፍራ
....
surnuaed

ቤተ ክርስቲያን
....
kirik

መጫወቻ ሜዳ
....
mänguväljak

ቤተ መቅደስ
....
tempel

መልከዓምድር

maastik

ቅጠል
leht

የመንገድ ላይ ምልክት
teeviit

መንገድ
tee

አረንጓዴ መስክ
aas

ድንጋይ
kivi

ዛፍ
puu

በእግሩ የሚጓዝ
matkaja

ወንዝ
jõgi

ሳር
rohi

አበባ
lill

ለቆ
org

ኮረብታ
mägi

ሀይቅ
järv

ጫካ
mets

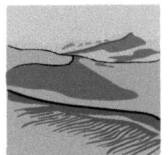

በረሃ
kõrb

እሳተ ገሞራ
vulkaan

ግምብ
linnus

ቀስተ ዳመና
vikerkaar

እንጉዳይ
seen

የቴምብር ዛፍ/ ዘንባባ
palm

ቢንቢ/ የወባ ትንኝ
sääsk

በራሪ
kärbes

ጉንዳን
sipelgas

ንብ
mesilane

ረሪት
ämblik

ጢንዚዛ

mardikas

እንቁራሪት

konn

ሽኮኮ

orav

ጃርት

siil

ጥንቸል

jänes

ጉጉት ወፍ

öökull

ወፍ

lind

የዉሃ ዳክዬ

luik

ከርከሮ

metssiga

አጋዘን

hirv

አጋዘን

põder

ግድብ

pais

በነፋስ የሚሽከረከር

tuuleturbiin

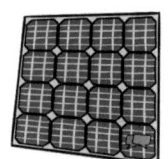

የፀሀይ ፓኔሎ

päikesepaneel

አየር ንብረት

kliima

ምግብ ቤት

restoran

አስተናጋጅ
kelner
ማዉጫ
menüü
ወንበር
tool
ሾርባ
supp
ፒዛ
pitsa
söögiriistad
የጠረጴዛ ጨርቅ
laudlina

የምግብ ፍላጎትን የሚከፍት ምግብ
eelroog

ዋና ምግብ
pearoog

ማጣጣሚያ ተከታይ ምግብ
magustoit

መጠጦች
joogid

ምግብ
toit

ጠርሙስ
pudel

ፈጣን ምግብ
kiirtoit

የመንገድ ምግብ
tänavatoit

የሻይ ማንቆርቆሪያ
teekann

የስኳር እቃ
suhkrutoos

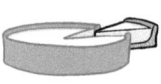

ድርሻ
portsjon

የቡና ማፊያ ማሽን
espressomasin

ባለጌ ወንበር
lastetool

የክፍያ ደረሰኝ
arve

ትሪ
kandik

ቢላዋ
nuga

ሹካ
kahvel

ማንኪያ
lusikas

የሻይ ማንኪያ
teelusikas

ልብስ ምግብ እንዳይነካ የሚረዳ ጨርቅ
salvrätik

ብርጭቆ
klaas

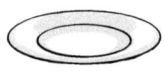

ዝርግ ሰሀን

taldrik

የሾርባ ጎድጓዳ ሰሀን

supitaldrik

የስኒ ማስቀመጫ

alustass

ማጣፈጫ ስጎ

kaste

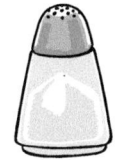

የጨዉ እቃ

soolatoos

የተፈጨ ቃሪያ

pipraveski

ኮምጣጤ

äädikas

የምግብ ዘይት

õli

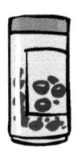

ቀመማ ቅመሞች

vürtsid

የቲማቲም ድልህ

ketšup

ሰናፍጭ

sinep

ማዮኒዝ

majonees

የሸቀጣ ሸቀጥ መደብር
supermarket

ልዩ አቅራቦት
eripakkumine
FOR
ደምበኛ
klient
የወተት ተዋፅዖ
piimatooted
ፍራፍሬ
puuviljad
ባለ ጎማ የእጅ ጋሪ
ostukäru

ሉካንዳ ነጋዴ
....
lihapood

መጋገርያ
....
pagariäri

ክብደት መመዘን
....
kaaluma

ቅጠላ ቅጠል አትክልት
....
köögiviljad

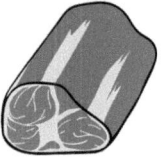

ስጋ
....
liha

የቀዘቀዘ/የረጋ ምግብ
....
külmutatud toit

ቀዝቃዛ ቁራጭ

....

lihalõigud

የታሸገ ምግብ

....

konservid

የማጠቢያ ዱቄት

....

pesupulber

ጣፋጮች

....

maiustused

የቤት ዉስጥ ዉጤቶች

....

majatarbed

የፅዳት ምርቶች

....

puhastustooted

የሽያጭ ባለሙያ

....

müüja

የገንዘብ መመዝቢያ ማሽን

....

kassaaparaat

የሒሳብ ሰራተኛ

....

kassapidaja

የግዢ ዝርዝር

....

ostunimekiri

ክፍት ሰዓታት

....

lahtiolekuajad

የኪስ ቦርሳ

....

rahakott

ክሬዲት ካርድ

....

krediitkaart

ቦርሳ

....

kott

የፕላስቲክ ቦርሳ

....

kilekott

መጠጦች

joogid

ውሃ

vesi

ጭማቂ

mahl

ወተት

piim

ኮካ-ኮላ

koola

ወይን

vein

ቢራ

õlu

አልኮል

alkohol

ኮካ

kakao

ሻይ

tee

ቡና

kohv

የተፈላ ቡና

espresso

ካፕቺኖ

cappuccino

ሙዝ

....

banaan

ፖም

....

õun

ብርቱካን

....

apelsin

ሀብሀብ

....

arbuus

ሎሚ

....

sidrun

ካሮት

....

porgand

ነጭ ሽንኩርት

....

küüslauk

ሸምበቆ

....

bambus

ቀይ ሽንኩርት

....

sibul

እንጉዳይ

....

seen

ለዉዝ

....

pähklid

የህፃናት ምግብ

....

nuudlid

ፓስታ

spagetid

ሩዝ

riis

ሰላጣ

salat

የድንች ጥብስ

friikartulid

ድንች ጥብስ

praekartulid

ፒዛ

pitsa

ዳቦ ዉስጥ በስሱ ተጠብሶ የገባ ስጋ

hamburger

ሳንድዊች

võileib

ጥሬ ስጋ

šnitsel

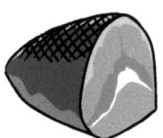

የአሳማ ስጋ

sink

በቅመምና በጨዉ የታሸ ምግብ
ቀዝቅዞ የሚበላ ሾርባ ምግብ

salaami

ቋሊማ

vorst

ዶሮ

kana

ጥብስ

praeliha

አሳ

kala

24 ምግብ - toit

የአጃ ገንፎ
kaerahelbed

ከወተት ጋር ተደባልቀዉ የሚበሉ ·ምግቦች··
müsli

የበቆሎ ቅርፊት
maisihelbed

ዱቄት
jahu

ኩራሳ
sarvesai

ድብልብል ዳቦ
kukkel

ዳቦ
leib

መጥበስ
röstsai

ብስኩት
küpsised

ቅቤ
või

እርጎ
kohupiim

ኬክ
kook

እንቁላል
muna

እንቁላል ጥብስ
praemuna

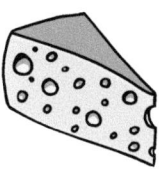

አይብ
juust

ምግብ - toit

25

የበረዶ ክሬም
jäätis

ስኳር
suhkur

ማር
mesi

ማርማላት
moos

የተናጠ የወተት ክሬም
pähklivõie

ማጣፈጫ
karri

የገበሬ ቤት
talumaja
የእህልና የከብት ማቀመጫ ቤት
laut
የጭድ ክምር
heinapall
ሜዳ
põld
ፈረስ
hobune
ተሳቢ መኪና
järelkäru
የፈረስ ዉርንጭላ
varss
የእርሻ መኪና
traktor
አህያ
eesel
በግ
lammas
የበግ ጠቦት
lambatall

ፍየል
....
kits

ላም
....
lehm

ጥጃ
....
vasikas

አሳማ
....
siga

ግልገል አሳማ
....
põrsas

ኮርማ
....
pull

ዝይ

hani

ዳክዬ

part

የዶሮ ጫጩት

tibu

ዶር

kana

አዉራ ዶሮ

kukk

አይጥ

rott

ድድመት

kass

አይጥ

hiir

በሬ

härg

ዉሻ

koer

የዉሻ ቤት

koerakuut

የአትክልት ቦታ

aiavoolik

ዉሃ ማጠጫ ባልዲ

kastekann

ረጅም ማጭድ

vikat

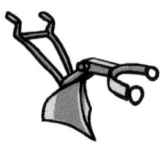

ማረሻ

ader

ማጭድ
....
sirp

መኮትኮቻ
....
kõblas

የእህል መንሽ
....
hang

መጥረቢያ
....
kirves

ኩርኩር/ የእጅ ጋሪ
....
käru

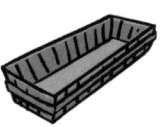

ገንዳ
....
küna

የወተት ዕቃ
....
piimanõu

ጆንያ ከረጢት
....
kott

አጥር
....
tara

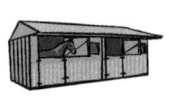

የፈረስ ጋጣ
....
tall

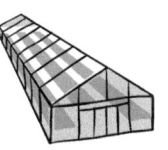

ዕፅዋት ማሳደጊያ የመስታዉት ቤት
....
kasvuhoone

አፈር
....
muld

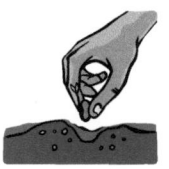

ዘር
....
seeme

የመሬት ማዳበሪያ
....
väetis

ጥምር ማረሻ
....
kombain

አዝመራ መሰብሰብ

saaki koristama

አዝመራ

saagikoristus

ድንች

jamss

ስንዴ

nisu

ሶያ

soja

ድንች

kartul

በቆሎ

mais

የከብት መኖ

raps

የፍሬ ዛፍ

viljapuu

የካሳቫ ዛፍ

maniokk

እህል

teravili

ቤት

የጪስ ማዉጫ
korsten
ጣራ
katus
አሸንዳ
vihmaveetoru
መስኮት
aken
ጋራዥ
garaaž
የበር ደወል
uksekell
በር
uks
የቆሻሻ ማጠራቀሚያ
prügikast
ፖስታ ሳጥን
postkast
የአትክልት ቦታ
aed

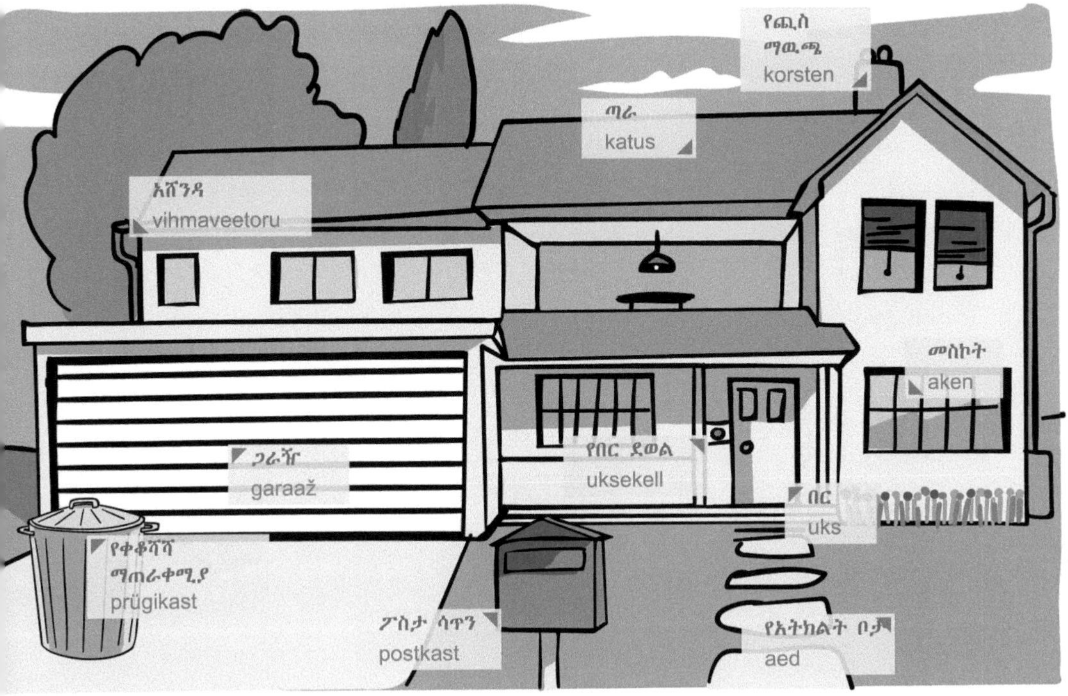

ሳሎን

elutuba

መታጠቢያ ቤት

vannituba

ማድቤት

köök

መኝታ ቤት

magamistuba

የልጅ ክፍል

lastetuba

መመገቢያ ክፍል

söögituba

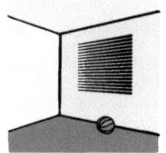

ወለል

....

põrand

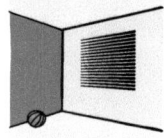

ግድግዳ

....

sein

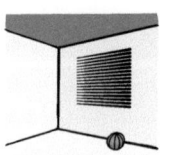

ጣሪያ

....

lagi

ምድር ቤት

....

kelder

በእንፋሎት ሙቀት መታጠቢያ ቤት

....

saun

ሰገነት

....

rõdu

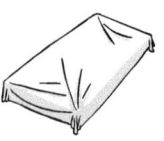

ከፍ ያለ መደብ

....

terrass

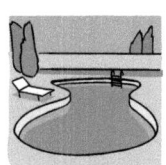

የመዋኛ ገንዳ

....

bassein

የማጨጃ መኪና

....

muruniiduk

አንሶላ

....

voodilina

የአልጋ ልብስ

....

päevatekk

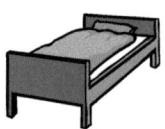

አልጋ

....

voodi

መጥረጊያ

....

luud

ባልዲ

....

ämber

ማብሪያና ማጥፊያ

....

lüliti

ሳሎን

elutuba

የግድግዳ ወረቀት
tapeet
ፎቶ
pilt
መብራት
lamp
መደርደሪያ
riiul
ቁም ሳጥን፤ ካቢኔ
kapp
televiisor
የእሳት መሞቂያ
kamin
አበባ
lill
ትራስ
padi
ሶፋ
diivan
የአበባ ማስቀመጫ
vaas
ሪሞት ኮንትሮል
kaugjuhtimispult

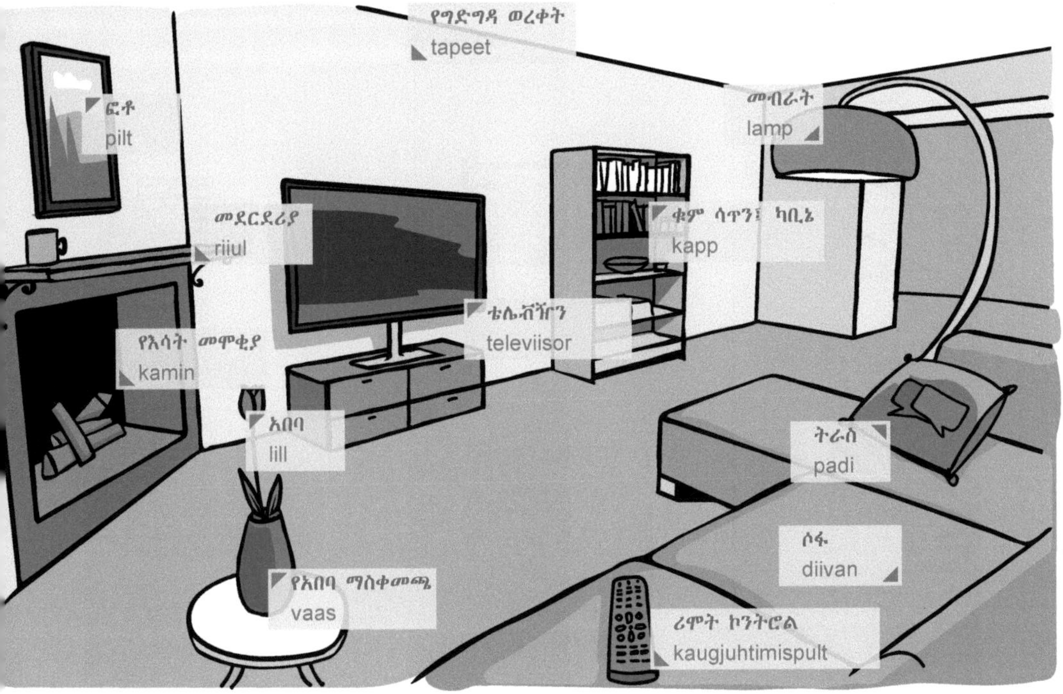

ንጣፍ

vaip

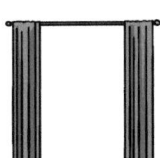

መጋረጃ

kardin

ጠረጴዛ

laud

ወንበር

tool

ተወዛዋዥ ወንበር

kiiktool

ባለመደገፊያ ወንበር

tugitool

መጽሐፍ

raamat

ብርድ ልብስ

tekk

ጌጥ

kaunistus

ማገዶ

küttepuud

ፊልም

film

የሙዚቃ መጫወቻ

helisüsteem

ቁልፍ

võti

ጋዜጣ

ajaleht

ስዕል

maal

የተለጠፈ ማስታወቂያ እንደ ስዕል

plakat

ራዲዮ

raadio

ማስታወሻ ደብተር

märkmik

የአየር ማፅጃ ለምንጣፍ

tolmuimeja

ቁልቋል

kaktus

ሻማ

küünal

ማድቤት
köök

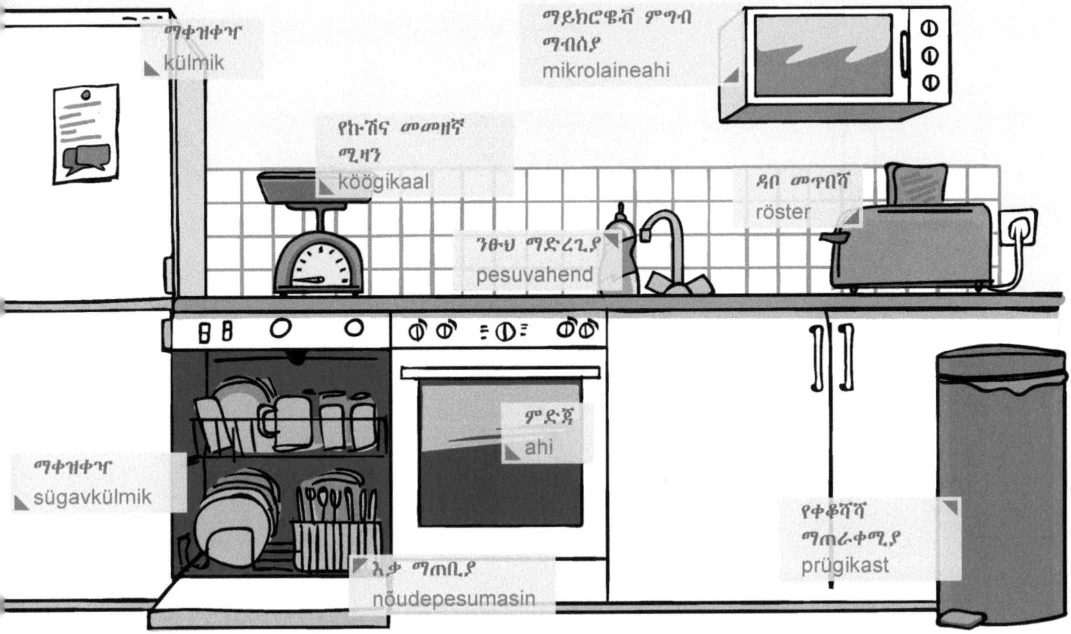
ማቀዝቀዣ
külmik
ማይክሮዌቭ ምግብ ማብሰያ
mikrolaineahi
የኩሽና መመዘኛ ሚዛን
köögikaal
ዳቦ መጥበሻ
röster
ንፁህ ማድረጊያ
pesuvahend
ምድጃ
ahi
ማቀዝቀዣ
sügavkülmik
የቆሻሻ ማጠራቀሚያ
prügikast
እቃ ማጠቢያ
nõudepesumasin

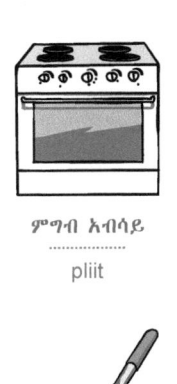

ምግብ አብሳይ

pliit

ማሰሮ

pott

የብረት ማሰሮ

malmpott

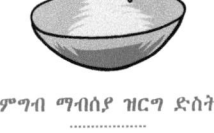

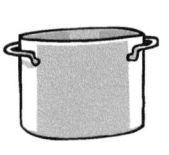

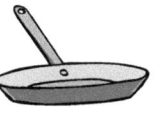

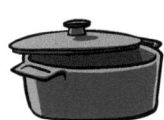

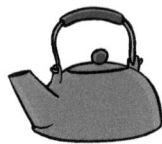

ምግብ ማብሰያ ዝርግ ድስት

vokkpann

የምግብ መጥበሻ

pann

ማንቆርቆሪያ

veekeetja

የእንፋሎት ማብሰያ

aurutaja

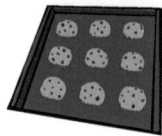

የመጋገሪያ ትሪ

küpsetusplaat

ሰብስቦች

lauanõud

ትልቅ ኩባያ

kruus

ጎድጓዳ ሳህን

kauss

ቾፕስቲክስ

söögipulgad

ጭልፋ

kulp

መሰቅሰቂያ ዝርግ ማንኪያ

pannilabidas

ማደባለቂያ

vispel

መወጠሪያ

kurn

ወንፊት

sõel

መፈርፈሪያ መሳሪያ

riiv

ሲሚንቶ

uhmer

የፍም ጥብስ

grill

የተለቀቀ እሳት

lahtine tuli

36 ማድቤት - köök

መክተፊያ

lõikelaud

ተንሸራታች መርፌ

tainarull

የጠርሙስ መክፈቻ

korgitser

ጣሳ

konservipurk

የጣሳ መክፈቻ

konserviavaja

የማሰሮ መሸፈኛ

pajakinnas

ሳህን ማጠቢያ

kraanikauss

ብሩሽ

hari

ስፖንጅ

pesukäsn

መደባለቂያ መሳሪያ

kannmikser

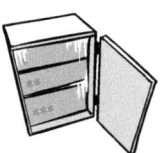

በጣም ማቀዝቀዣ

sügavkülmuti

ጡጦ

lutipudel

ቧንቧ

segisti

መታጠቢያ ቤት

vannituba

ማሞቂያ
küte
መታጠቢያ
dušš
ፎጣ
käterätik
dušikardin
የአረፋ መታጠቢያ
mullivann
የመታጠቢያ ገንዳ
vann
ብርጭቆ
klaas
የልብስ ማጠቢያ
pesumasin
segisti
plaadid
ፖፖ
pissipott
ሳህን ማጠቢያ
kraanikauss

ሽንት ቤት

WC-pott

የሽንት ቤት መቀመጫ

kükitamistualett

ሳፋ

bidee

የመንገድ ዳር መሽኛ

pissuaar

የሽንት ቤት ወረቀት

tualettpaber

የሽንት ቤት ማፅጃ ብሩሽ

WC-hari

የጥርስ ብሩሽ
hambahari

የጥርስ ሳሙና
hambapasta

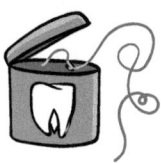

የጥርስ ማፅጃ ክር
hambaniit

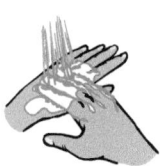

መታጠብ
pesema

የእጅ መታጠቢያ
käsidušš

መታጠቢያ
intiimdušš

ጎድጓዳ ሳህን
pesukauss

የጀርባ ብሩሽ
seljahari

ሳሙና
seep

የመታጠቢያ የሚዝለገለግ ሳሙና
dušigeel

የፀጉር መታጠቢያ ሳሙና
šampoon

ለስላሳ ጨርቅ
vamm

ፍሳሽ
äravool

ክሬም
kreem

ጠረን መቀየሪያ ንጥረ ነገር
deodorant

መስታወት
peegel

የእጅ መስታወት
käsipeegel

ምላጭ
habemenuga

የመላጫ አረፋ
raseerimisvaht

ከመላጨት በኋላ የሚቀባ ሽቱ
habemevesi

ማበጠሪያ
kamm

ብሩሽ
hari

የፀጉር ማድረቂያ
föön

በፀጉር ላይ የሚነፋ
juukselakk

የፊት መቀባቢያ
meigikomplekt

የከንፈር ቀለም
huulepulk

የጥፍር ቀለም
küünelakk

የጥጥ ሱፍ
vatt

ጥፍር መቁረጫ
küünekäärid

ሽቶ
parfüüm

ማጠቢያ ባልዲ

tualett-tarvete kott

መቀመጫ

taburet

ሚዛን

kaal

የመታጠቢያ ልብስ

hommikumantel

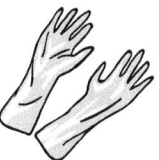

የላስቲክ ጓንት

kummikindad

ሞዴስ

tampoon

የፅዳት ፎጣ

hügieeniside

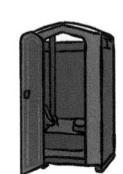

የሽንት ቤት ኬሚካል

keemiline tualett

የልጅ ክፍል
lastetuba

የማንቂያ ደዉል ሰዐት
äratuskell
የህፃን አሻንጉሊት
pehme mänguasi
የመጫወቻ
መኪና
mänguauto
ማንገጫገጫ
መጫወቻ
kõristi
የአሻንጉሊት ቤት
nukumaja
ስጦታ
kingitus

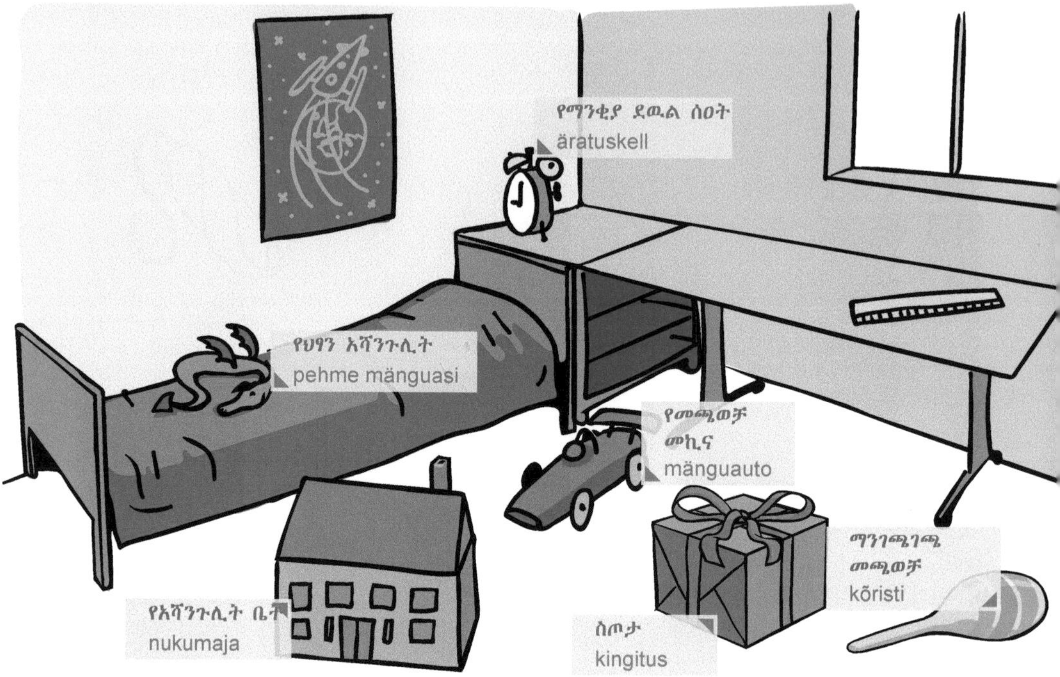

ፊኛ

õhupall

አልጋ

voodi

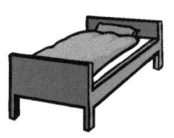

የህፃን ማንሸራሸሪያ ጋሪ

lapsevanker

የካርታ መጫወቻ

kaardipakk

ቁርጥራጭ ምስሎችን የማገጣጠም
እና ምስል የማግኘት ጨዋታ

pusle

አዝናኝ

koomiks

ተገጣጣሚ መጫወቻ

Lego klotsid

የመጫወቻ መገጣጠሚያዎች

klotsid

የድርጊት ምስል

kujuke

የህፃን እድገት

siputuspüksid

የፕላስቲክ መጫወቻ ዝርግ ሰሀን

lendav taldrik

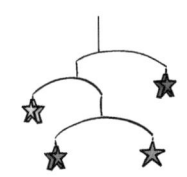

ተወዛዋዥ የህፃን ማጫወቻ

voodikarussell

የሰሌዳ ጨዋታ

lauamäng

የመጫወቻ ጠጠር

täringud

የመጫወቻ ባቡር

mudelrong

የእንጀራ እናት ጡጦ

lutt

ድግስ

pidu

የስዕል መፅሀፍ

pildiraamat

ኳስ

pall

አሻንጉሊት

nukk

መጫወት

mängima

የአሸዋ መጫወቻ

liivakast

ዥዋዥዌ

kiik

መጫወቻዎች

mänguasjad

የቪዲዮ መጫወቻ

mängukonsool

ባለ ሶስት ጎማ ብስክሌት

kolmerattaline jalgratas

የአሻንጉሊት ድብ

mängukaru

ቁምሳጥን

riidekapp

አልባሳት

riietus

ካልሲዎች

sokid

ስቶኪንጎች

sukad

ታይት

sukkpüksid

የአንገት ልብስ
sall

ግንጥላ
vihmavari

ቀበቶ
vöö

ክናቴራ
T-särk

ቡቲ
saapad

የቤት ዉስጥ ነጠላ ጫማ
sussid

ስኒከሮች
tossud

ነጠላ ጫማዎች
....
sandaalid

ጫማዎች
....
jalatsid

የዝናብ ቡትስ
....
kummikud

ሙታንታ
....
aluspüksid

ጡት መያዣ
....
rinnahoidja

ሰደርያ
....
vest

ሰዉነት

bodi

ሱሪዎች

püksid

ጅንስ

teksapüksid

ጉርድ ቀሚስ

seelik

ሸሚዝ

pluus

ሸሚዝ

särk

የሚጠለቅ ሹራብ

sviiter

ሹራብ

dressipluus

ዩኒፎርም ጃኬት

bleiser

ጃኬት

jakk

ኮት

mantel

የዝናብ ኮት

vihmamantel

ልብስ

kostüüm

ቀሚስ

kleit

የሙሽራ ቀሚስ

pulmakleit

ሱፍ
ülikond

የለሊት ልብስ
öösärk

የለሊት ልብስ
pidžaama

ረጅም ቀሚስ
sari

ሂጃብ
pearätt

ጥምጣም
turban

ቡርቃ
burka

ሸርጥ
kaftan

አባያ
abayah

የዋና ልብስ
ujumistrikoo

አጭር ቁምጣ
ujumispüksid

ቁምጣዎች
lühikesed püksid

የስራ ቱታ
dressid

ሸርጥ
põll

ጓንት
kindad

ቁልፍ

nööp

መነፅር

prillid

አምባር

käevõru

የአንገት ሀብል

kaelakee

ለበት

sõrmus

የጆሮ ጌጥ

kõrvarõngas

ኮፍያ

nokamüts

የኮት መስ ያ

riidepuu

ኮፍያ

kaabu

ከረቫት

lips

ዚፕ

tõmblukk

የብረት ቆብ

kiiver

መደገፊያ

traksid

የትምህርት ቤት የደንብ ልብስ

koolivorm

የደንብ ልብስ

vormirõivad

መሃረብ

pudipõll

የእንጀራ እናት ጡጦ

lutt

ሽንት ጨርቅ

mähe

ቢሮ
kontor

ማስራጫ ጣቢያ
server
የፋይል መደርደሪያ ካቢኔ
arhiivikapp
የህትመት መሳሪያ
printer
ወረቀት
paber
መቆጣጠሪያ
monitor
hiir
መፃፊያ ጠረጴዛ
kirjutuslaud
ማህደር
kaust
የመፃፊ ቁልፎች
klaviatuur
የቆሻሻ ወረቀት መጣያ ቅርጫት
paberikorv
ኮምፒዉተር
arvuti
ወንበር
tool

የቡና መጠጫ ትልቅ ኩባያ

kohvikruus

ማስልያ ማሽን

kalkulaator

ኢንተርኔት

internet

ላፕቶፕ

sülearvuti

ደብዳቤ

kiri

መልዕክት

sõnum

ተንቀሳቃሽ ስልክ

mobiiltelefon

የግንኙነት አዉታር

võrk

ማባዣ ማሽን

koopiamasin

ሶፍትዌር

tarkvara

ስልክ

telefon

የግድግዳ ሶኬት

pistikupesa

የፋክስ ማሽን

faksimasin

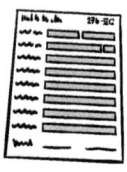

ቅፅ

vorm

ሰነድ

dokument

መግዛት

ostma

መክፈል

maksma

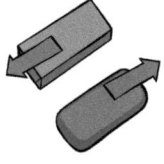

መነገድ

vahetama

ገንዘብ

raha

USD

ዶላር

dollar

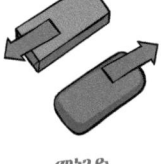

EUR

ዮሮ

euro

JPY

የን

jeen

RUB

ሩብል

rubla

CHF

የስዊዝ ፍራንክ

Šveitsi frank

CNY

ሬንሚንቢ ዩዋን

renminbi jüaan

INR

ሩጲ

ruupia

የገንዘብ ነጥብ

sularahaautomaat

የዉጭ ገንዘብ ምንዛሪ ቢሮ

valuutavahetuspunkt

ወርቅ

kuld

ብር

hõbe

ዘይት

nafta

ሀይል፤ ጉልበት

energia

ዋጋ

hind

ግንኙነት

leping

ቀረጥ

maks

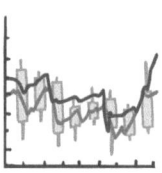

አክስዮን

aktsia

መስራት

töötama

ተቀጣሪ

töötaja

ቀጣሪ

tööandja

ፋብሪካ

tehas

ሱቅ

kauplus

የስራ ሙያዎች
ametid

የፖሊስ አዛዥ
politseinik
የእሳት አደጋ ሰራተኛ
tuletõrjuja
ምግብ አብሳይ
kokk
ዶክተር
arst
አብራሪ
piloot

አትክልተኛ

aednik

አናጢ

puusepp

ልብስ ሰፊ ሴት

õmbleja

ዳኛ

kohtunik

ቀማሚ

keemik

ተዋናይ

näitleja

የአዉቶቢስ ሹፌር

bussijuht

የታክሲ ሹፌር

taksojuht

አሳ አጥማጅ

kalamees

ፅዳት ሰራተኛ

koristaja

የጣራ ሰራተኛ

katusepaigaldaja

አስተናጋጅ

kelner

አዳኝ

jahimees

ሰዓሊ

maaler

ጋጋሪ

pagar

የኤሌትሪክ ሰራተኛ

elektrik

ገምቢ

ehitaja

መሃሃዲስ

insener

ልኳንዳ

lihunik

የቧንቧ ሰራተኛ

torumees

የፖስታ ሰራተኛ

postiljon

ወታደር

....

sõdur

መሃንዲስ

....

arhitekt

የሒሳብ ሰራተኛ

....

kassapidaja

አበባ ሻጭ

....

lillemüüja

የፀጉር ሰራተኛ

....

juuksur

ቲኬት ቆራጭ

....

piletikontrolör

መካኒክ

....

mehaanik

ካፒቴን

....

kapten

የጥርስ ሐኪም

....

hambaarst

ተመራማሪ

....

teadlane

መምህር

....

rabi

የሙስሊም ሃይማኖታዊ መሪ

....

imaam

መነኩሴ

....

munk

ካህን

....

preester

መሳሪያዎች

tööriistad

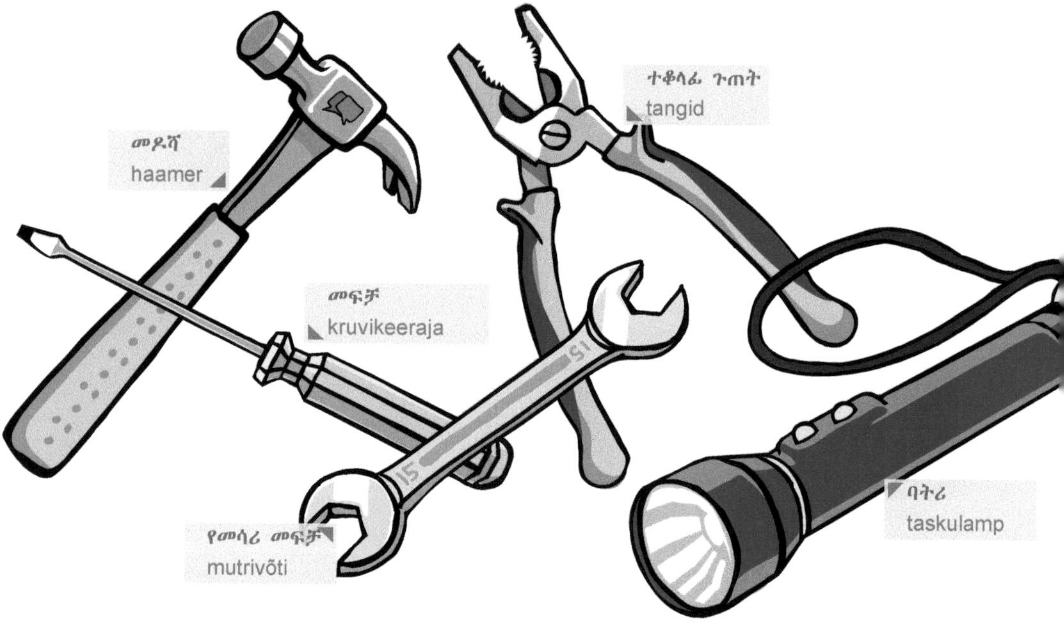

መዶሻ
haamer
ተቆላፊ ጉጠት
tangid
መፍቻ
kruvikeeraja
የመሳሪ መፍቻ
mutrivõti
ባትሪ
taskulamp

በቁፋሮ የሚዝቅ

ekskavaator

የመፍቻ ሳጥን

tööriistakast

መሰላል

redel

መጋዝ

saag

ምስማር

naelad

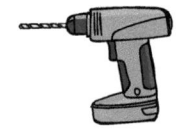

መሰርሰሪያ

trell

መጠገን

parandama

አካፋ

labidas

የተረገመ!

Põrgusse!

ቆሻሻ ማፈሻ

kühvel

የቀለም ቆርቆሮ

värvipott

ብሎን

kruvid

የሙዚቃ መሳሪያዎች

pillid

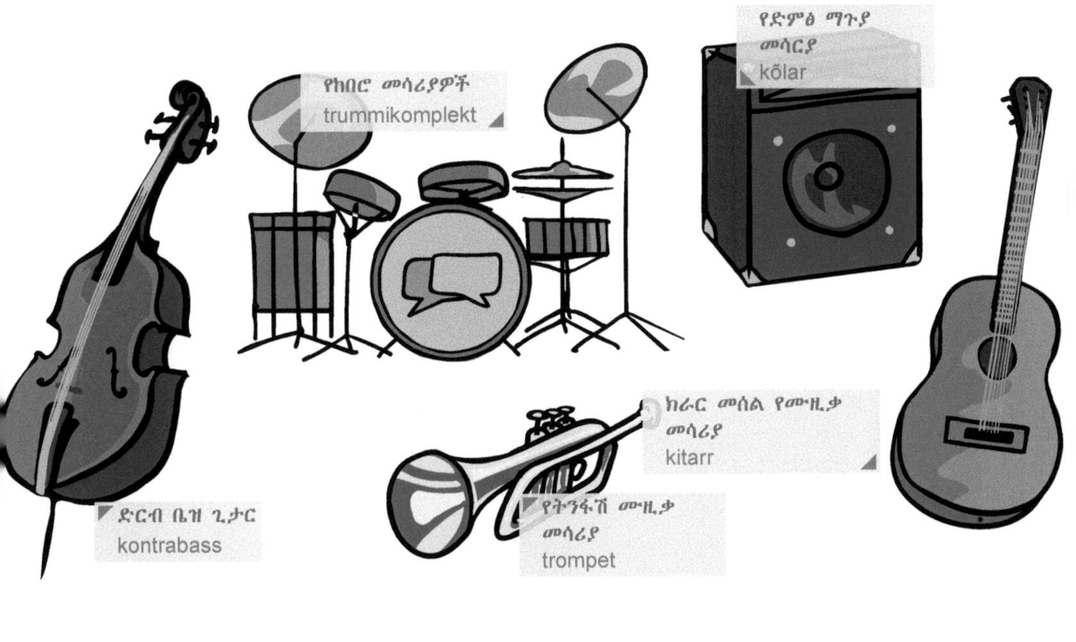

የከበሮ መሳሪያዎች
trummikomplekt
የድምፅ ማጉያ መሳርያ
kõlar
ድርብ ቤዝ ጊታር
kontrabass
ክራር መሰል የሙዚቃ መሳሪያ
kitarr
የትንፋሽ ሙዚቃ መሳሪያ
trompet

የሙዚቃ መሳሪያዎች - pillid 57

ፒያኖ

klaver

ቫዮሊን

viiul

ወፍራም፣ ጎርናና ድምፅ ያለዉ
ክራር መሰል ሙዚቃ መሳሪያ

bass

ነጋሪት

timpan

ከበሮ

trummid

በኤሌክትሪክ የሚሰራ ፒኖ

süntesaator

የትንፋሽ ሙዚቃ መሳሪያ

saksofon

ዋሽንት

flööt

የድምፅ ማጉያ

mikrofon

የደር እንስሳት ማቆያ
loomaaed

መግቢያ
sissepääs
ነብር
tiiger
ሳጥን
puur
የሜዳ አህያ
sebra
የእንስሳ ምግብ
loomasööt
ትልቅ ድብ
panda

እንስሳቶች

loomad

ዝሆን

elevant

ካንጋሮ

känguru

አዉራሪስ

ninasarvik

ትልቅ ዝንጀሮ

gorilla

ድብ

karu

ግመል

kaamel

ሰጎን

jaanalind

አንበሳ

lõvi

ጦጣ

ahv

ቅልጥመ ረዥም ወፍ

flamingo

በቀቀን

papagoi

የወዋልታ ድብ

jääkaru

የዋልታ ወፎች

pingviin

ረጅም ጥርሶች ያሉትአሳ ነባሪ

hai

ጣዎስ

paabulind

እባብ

madu

አዞ

krokodill

የዱር አራዊት የሚጠበቁበት ማቆያን የሚጠብቅ

loomaaiatalitaja

አሳ በሊታ የባህር እንስሳ

hüljes

የዱር ድመት

jaaguar

ድንክ ፈረስ

....

poni

ነብር

....

leopard

ጉማሬ

....

jõehobu

ቀጭኔ

....

kaelkirjak

ንስር

....

kotkas

ከርከሮ

....

metssiga

አሳ

....

kala

የባህር ኤሊ

....

kilpkonn

የባህር አዉሬ

....

morsk

ቀበሮ

....

rebane

የሜዳ ፍየል፤ሚዳቋ

....

gasell

የስፖርት አይነቶች

sport

የአሜሪካ እግርኳስ
Ameerika jalgpall
የብስክሌት ስፖርት
jalgrattasõit
ቴኒስ
tennis
የቅርጫት ኳስ
korvpall
ዋና
ujumine
የቦጢ ስፖርት
poksimine
የበረዶ ላይ የገና ጨዋታ
jäähoki

እግር ኳስ

jalgpall

የላበ ኳስ ጨዋታ

sulgpall

አትሌቲክስ

kergejõustik

የእጅ ኳስ ስፖርት

käsipall

የበረዶ መንሸራተት ስፖርት

suusatamine

ፈረስ ግልቢያ

polo

እንቅስቃሴዎች

tegevused

መዝለል
hüppama
ማቀፍ
kallistama
መሳቅ
naerma
መራመድ
jalutama
laulma
ህልም ማለም
unistama
መፀለይ
palvetama
መሳም
suudlema

መፃፍ

kirjutama

መሳል

joonistama

ማሳየት

näitama

መግፋት

lükkama

መስጠት

andma

መዉሰድ

võtma

መያዝ

omama

ማድረግ

tegema

መሆን

olema

መቆም

seisma

መሮጥ

jooksma

መሳብ

tõmbama

መወርወር

viskama

መዉደቅ

kukkuma

መዋሸት

lamama

መጠበቅ

ootama

መሸከም

kandma

መቀመጥ

istuma

መልበስ

riidesse panema

መተኛት

magama

መንቃት

ärkama

መመልከት

vaatama

ማልቀስ

nutma

መጫር

paitama

ማበጠር

kammima

ማዉራት

rääkima

መረዳት

aru saama

ጥያቄ

küsima

ማዳመጥ

kuulama

መጠጣት

jooma

መብላት

sööma

ማንፃት

korrastama

ማፍቀር

armastama

ምግብ ማብሰል

süüa tegema

መንዳት

sõitma

መብረር

lendama

መርከብ መንዳት
purjetama

ቁጥሮችን ማስላት
arvutama

ማንበብ
lugema

መማር
õppima

መስራት
töötama

ማግባት
abielluma

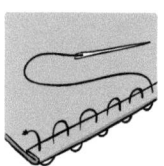

መስፋት
õmblema

ጥርስ መቦረሽ
hambaid pesema

መግደል
tapma

ማጨስ
suitsetama

መላክ
saatma

የሴት አያት
vanaema

የወንድ አያት
vanaisa

አባት
isa

እናት
ema

ህፃን
imik

ሴት ልጅ
tütar

ወንድ ልጅ
poeg

እንግዳ
külaline

አክስት
tädi

አጎት
onu

ወንድም
vend

እህት
õde

አካል

keha

ግንባር
otsmik
አይን
silm
ትከሻ
õlg
ጣት
sõrm
nägu
አገጭ
lõug
እጅ
käsi
ጡት
rind
እግር
jalg
ክንድ
käsivars

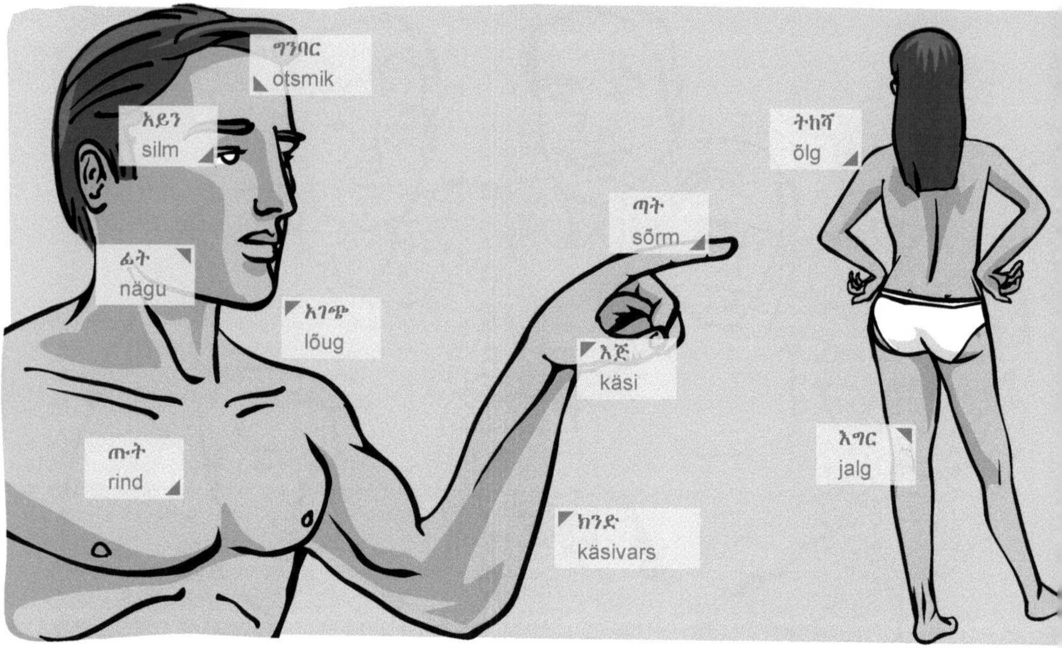

ህፃን

imik

ሰዉ

mees

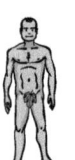

ሴት

naine

ልጃገረድ

tüdruk

ወንድ ልጅ

poiss

ራስ

pea

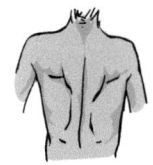

ጀርባ

selg

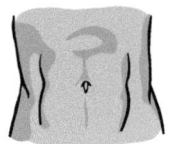

ሆድ

kõht

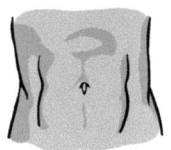

እምብርት

naba

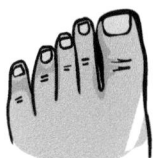

የእግር ጣት

varvas

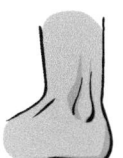

ተረከዝ

kand

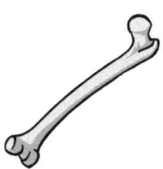

አጥንት

luu

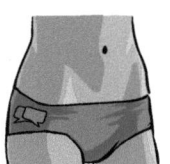

ዳሌ

puus

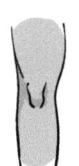

ጉልበት

põlv

ክርን

küünarnukk

አፍንጫ

nina

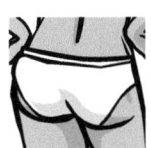

ቂጥ

tagumik

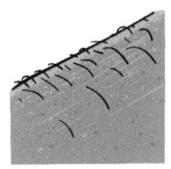

ቆዳ

nahk

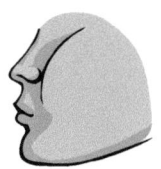

ጉንጭ

põsk

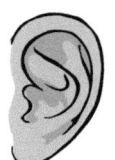

ጆሮ

kõrv

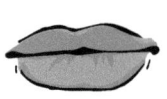

ከንፈር

huuled

አፍ

suu

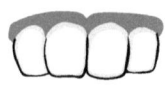

ጥርስ

hammas

ምላስ

keel

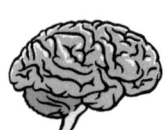

አንጎል

aju

ልብ

süda

ጡንቻ

lihas

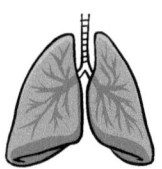

ሳምባ

kops

ጉበት

maks

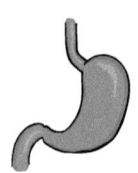

ሆድ

magu

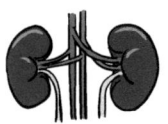

ኩላሊቶች

neerud

የግብረስጋ ግንኙነት

seksuaalvahekord

ኮንዶም

kondoom

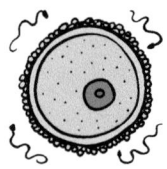

የሴት እንቁላል

munarakk

የዘር ፈሳሽ

sperma

እርግዝና

rasedus

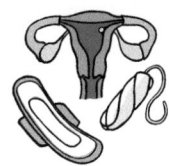

የወር አበባ
....
menstruatsioon

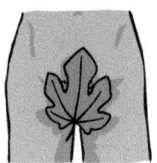

እምስ
....
vagiina

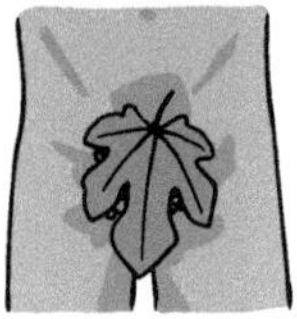

ቁላ
....
peenis

ቅንድብ
....
kulm

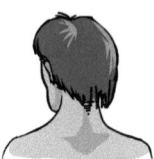

ፀጉር
....
juuksed

አንገት
....
kael

ሆስፒታል

haigla

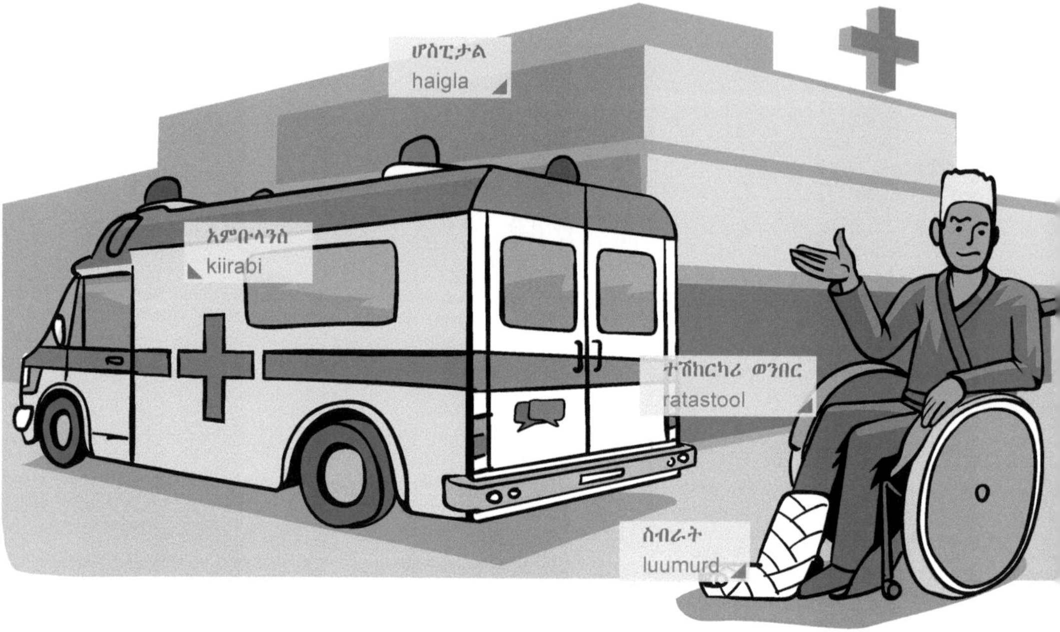

ሆስፒታል
haigla
አምቡላንስ
kiirabi
ተሽከርካሪ ወንበር
ratastool
ስብራት
luumurd

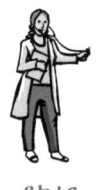

ዶክተር

arst

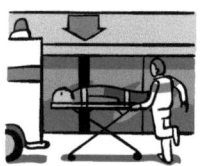

ድንገተኛ ክፍል

traumapunkt

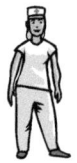

ነርስ

meditsiiniõde

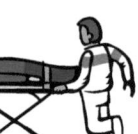

ድንገተኛ

hädaolukord

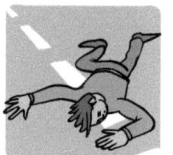

ራስን መሳት/ አለማወቅ

teadvuseta

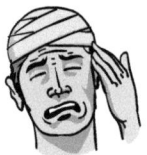

ህመም

valu

ጉዳት

vigastus

መድማት

verejooks

የልብ ድካም

südamerabandus

ስትሮክ

insult

አለርጂ

allergia

ሳል

köha

ትኩሳት

palavik

ኢንፍሉዌንዛ

gripp

ተቅማጥ

kõhulahtisus

የራስ ምታት

peavalu

ካንሰር

vähk

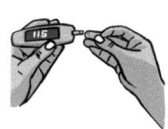

የስኳር በሽታ

diabeet

ቀዶ ጠጋኝ ሐኪም

kirurg

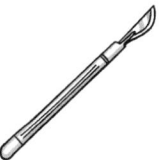

የቀዶ ጥገና ስለት

skalpell

ቀዶ ጥገና

operatsioon

ሆስፒታል - haigla

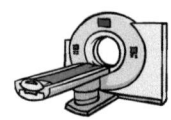

ሲቲ

KT

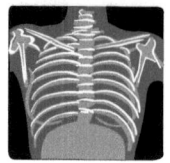

ኤክስሬዩ

röntgen

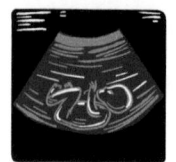

አልትራሳዉንድ

ultraheli

የፊት ጭምብል

mask

በሽታ

haigus

መጠበቂያ ክፍል

ooteruum

ምርኩዝ

kark

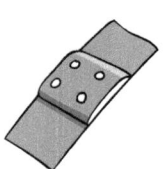

የቁስል ማሸጊያ

kips

ፋሻ

side

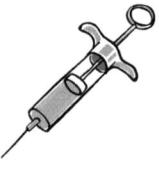

መርፌ

süst

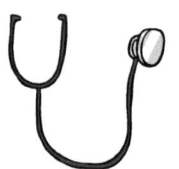

የልብ ምት ማዳመጫ መሳሪያ

stetoskoop

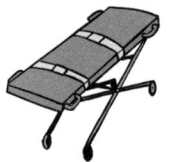

የበሽተኛ አልጋ

kanderaam

የህክምና ሙቀት መለኪያ መሳሪያ

kraadiklaas

መውለድ

sünd

ከልክ ያለፈ ክብደት

ülekaaluline

ለመስማት የሚረዳ መሳሪያ

kuuldeaparaat

ፀረ ተባይ መድሀኒት

desinfektsioonivahend

ማመርቀዝ

põletik

ቫይረስ

viirus

ኤች አይቪ ኤድስ

HIV / AIDS

ህክምና

meditsiin

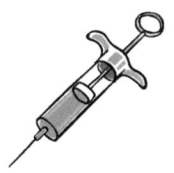

ክትባት

vaktsineerimine

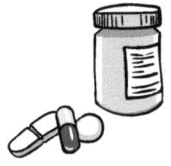

ኪኒን

tabletid

ኪኒን

pill

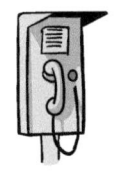

አስቸኳይ የስልክ ጥሪ

hädaabikõne

ደም ግፊት መቆጣጠሪያ

vererõhuaparaat

ህመም/ ጤንነት

haige / terve

ድንገተኛ
hädaolukord

እርዳታ!

Appi!

ማንቂያ ደወል

häire

ጥቃት

kallaletung

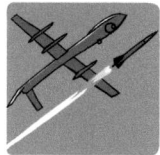

ድብደባ

rünnak

አደጋ

oht

የድንገተኛ መዉጫ

avariiväljapääs

እሳት!

Tulekahju!

እሳት ማጥፊያ

tulekustuti

አደጋ

õnnetus

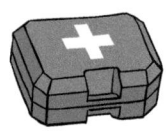

የመጀመሪያ እርዳታ መድሃኒት መያዣ

esmaabikomplekt

ነፍስ አድን

SOS

ፖሊስ

politsei

አዉሮፓ

Euroopa

ሰሜን አሜሪካ

Põhja-Ameerika

ደቡብ አሜሪካ

Lõuna-Ameerika

አፍሪካ

Aafrika

እስያ

Aasia

አዉስትራሊያ

Austraalia

አትላንቲክ

Atlandi ookean

ፓስፊክ

Vaikne ookean

የህንድ ዉቅያኖስ

India ookean

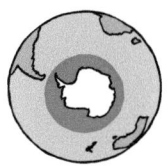

አንታርክቲክ ዉቅያኖስ

Lõuna-Jäämeri

አርክቲክ ዉቅያኖስ

Põhja-Jäämeri

ሰሜን ዋልታ

põhjapoolus

ደቡብ ዋልታ

lõunapoolus

አንታርክቲካ

Antarktika

ምድር

Maa

መሬት

maismaa

ባህር

meri

ደሴት

saar

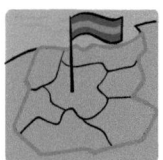

አገርና ህዝብ

rahvus

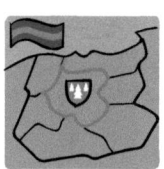

መንግስት

riik

ሰዓት
kell

የሰዓት ገፀታ

sihverplaat

ሰዓት

tunniosuti

ደቂቃ

minutiosuti

ሴኮንድ

sekundiosuti

ስንት ሰዓት ነው?

Mis kell on?

ቀን

päev

ጊዜ

aeg

አሁን

praegu

የቁጥር ሰዐት

digitaalne kell

ደቂቃ

minut

ሰዓታት

tund

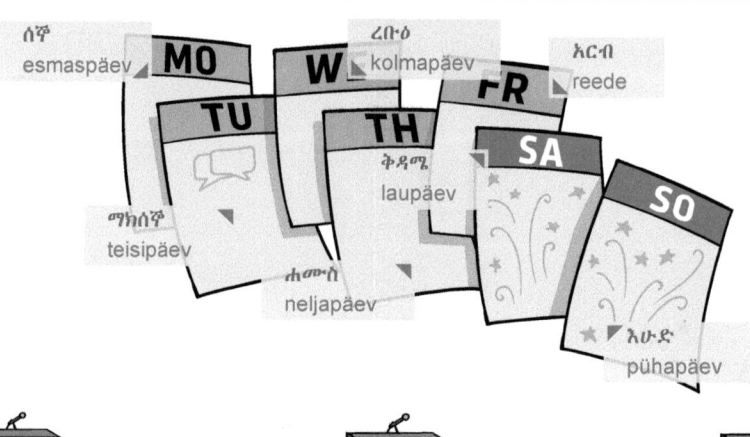

ሳምንት
nädal

ሰኞ
esmaspäev
ረቡዕ
kolmapäev
reede
ቅዳሜ
laupäev
ማክሰኞ
teisipäev
ሐሙስ
neljapäev
እሁድ
pühapäev

ትላንት

eile

ዛሬ

täna

ነገ

homme

ማለዳ

hommik

ቀትር

lõuna

ምሽት

õhtu

የስራ ቀናት

tööpäevad

የዕረፍት ቀናት

nädalavahetus

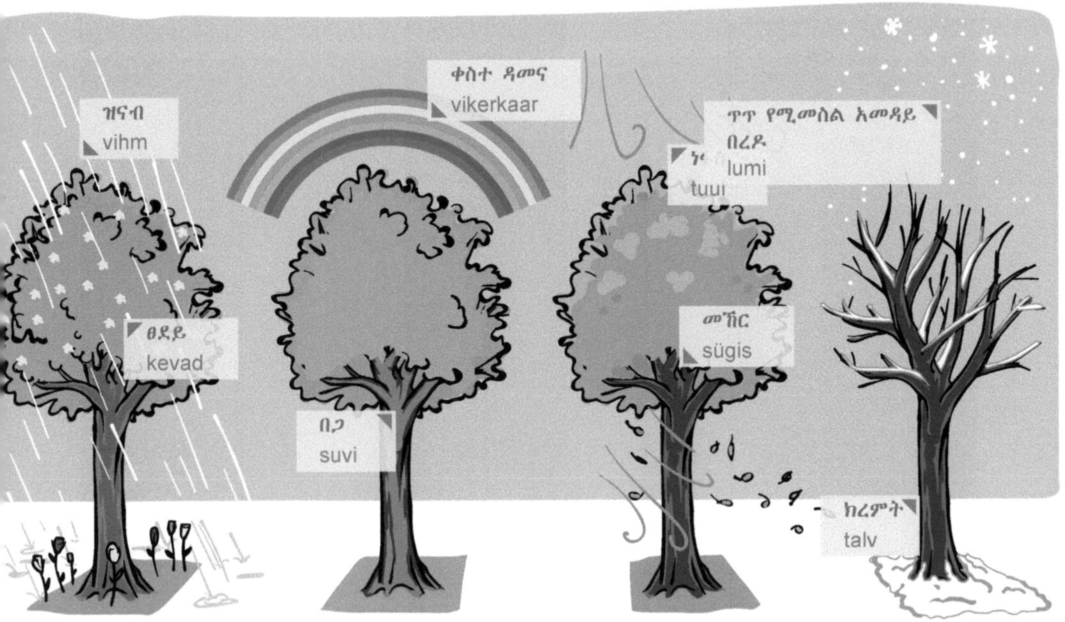

ዝናብ
vihm

ቀስተ ዳመና
vikerkaar

ጥጥ የሚመስል አመዳይ በረዶ
lumi

ነፋስ
tuul

ፀደይ
kevad

በጋ
suvi

መኸር
sügis

ክረምት
talv

4.APRIL	11°	☀
5.APRIL	4°	☁
6.APRIL	13°	🌧
7.APRIL	8°	☀
8.APRIL	10°	☀

የአየር ሁኔታ ትንበያ

ilmaennustus

የሙቀት መለኪያ

termomeeter

የፀሀይ ሙቀት

päikesepaiste

ደመና

pilv

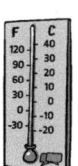

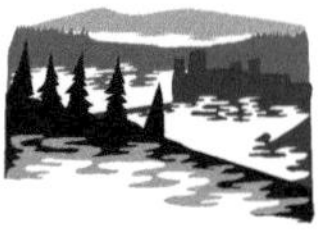

ጭጋግ

udu

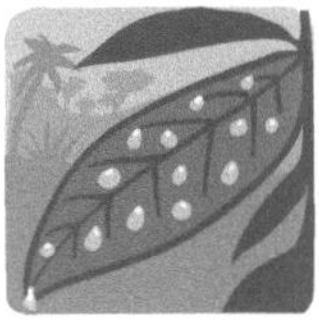

እርጥበታማነት

niiskus

መብረቅ

pikne

ነጎድጓድ

kõu

አዉሎ ንፋስ

torm

የበረዶ ዝናብ

rahe

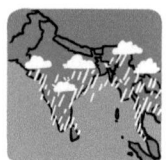

አዉሎ ንፋስ

mussoon

ጎርፍ

üleujutus

በረዶ

jää

ጥር

jaanuar

የካቲት

veebruar

መጋቢት

märts

ሚያዚያ

aprill

ግንቦት

mai

ሰኔ

juuni

ሐምሌ

juuli

ነሀሴ

august

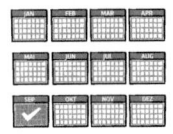

መስከረም

september

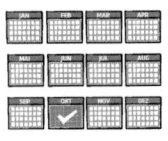

ጥቅምት

oktoober

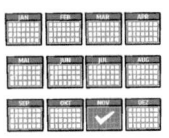

ህዳር

november

ታህሳስ

detsember

ቅርፆች

kujundid

ክብ

ring

አራት ማዕዘን

ruut

አራት ቀጥተኛ ማዕዘኖች ጎኖች
ያሉት ቅርፅ

nelinurk

ሶስት ማዕዘን

kolmnurk

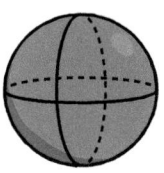

ሉል

kera

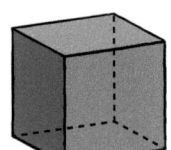

ስድስት ጎን ያለዉ ቅርፅ

kuup

ቀለማት

värvid

ነጭ

valge

ቢጫ

kollane

ብርቱካናማ

oranž

ሮዝ

roosa

ቀይ

punane

ወይን ጠጅ

lilla

ሰማያዊ

sinine

አረንጓዴ

roheline

ቡኒ

pruun

ግራጫ

hall

ጥቁር

must

ብዙ/ ጥቂት

palju / vähe

ንዴት/ እርጋታ

vihane / rahulik

ቆንጆ/ አስቀያሚ

ilus / inetu

ጅማሬ/ ፍፃሜ

algus / lõpp

ትልቅ/ ትንሽ

suur / väike

ደማቅ/ ደብዛዛ

hele / tume

ወንድም/ እህት

vend / õde

ንፁህ/ ቆሻሻ

puhas / must

የተሟላ/ ያልተሟላ

täielik / puudulik

ቀን/ ምሽት

päev / öö

የሞተ/ ህያዉ

surnud / elus

ሰፊ/ ጠባብ

lai / kitsas

የሚበላ/ የማይበላ

söödav / mittesöödav

ክፉ/ ደግ

kuri / sõbralik

ደስተኛ/ ድብርተኛ

põnevil / tüdinud

ወፍራም/ ቀጭን

paks / peenike

መጀመርያ/ መጨረሻ

esimene / viimane

ጓደኛ/ ጠላት

sõber / vaenlane

ሙሉ/ ጎዶሎ

täis / tühi

ጠንካራ/ ለስላሳ

kõva / pehme

ከባድ/ ቀላል

raske / kerge

ረሃብ/ ጥማት

nälg / janu

ህመም/ ጤንነት

haige / terve

ህገወጥ/ ህጋዊ

ebaseaduslik / seaduslik

ጎበዝ/ ደደብ

tark / rumal

ግራ/ ቀኝ

vasak / parem

ቅርብ/ ሩቅ

lähedal / kaugel

አዲስ/ አሮጌ
....
uus / kasutatud

ምንም/ የሆነ ነገር
....
mitte midagi / midagi

ሽማግሌ/ ወጣት
....
vana / noor

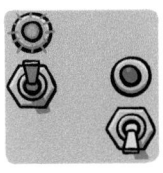

የበራ/ የጠፋ
....
sees / väljas

ክፍት/ ዝግ
....
lahti / kinni

ፀጥታ/ ጫጫታ
....
vaikne / vali

ሃብታም/ ደሃ
....
rikas / vaene

ትክክለኛ/ የተሳሳተ
....
õige / vale

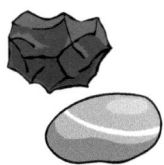

ሻካራ/ ለስላሳ
....
kare / sile

ሐዘን/ ደስታ
....
kurb / rõõmus

አጭር/ ረዥም
....
lühike / pikk

ዝግተኛ/ ፈጣን
....
aeglane / kiire

እርጥብ/ ደረቅ
....
märg / kuiv

ሞቃት/ ቀዝቃዛ
....
soe / jahe

ጦርነት/ ሰላም
....
sõda / rahu

ተቃራኒዎች - vastandid

ቁጥሮች

numbrid

0

ዜሮ

null

1

አንድ

üks

2

ሁለት

kaks

3

ሶስት

kolm

4

አራት

neli

5

አምስት

viis

6

ስድስት

kuus

7

ሰባት

seitse

8

ስምንት

kaheksa

9

ዘጠኝ

üheksa

10

አስር

kümme

11

አስራ አንድ

üksteist

12	**13**	**14**
አስራ ሁለት	አስራ ሶስት	አስራ አራት
kaksteist	kolmteist	neliteist

15	**16**	**17**
አስራ አምስት	አስራ ስድስት	አስራ ሰባት
viisteist	kuusteist	seitseteist

18	**19**	**20**
አስራ ሰስምንት	አስራ ዘጠኝ	ሃያ
kaheksateist	üheksateist	kakskümmend

100	**1.000**	**1.000.000**
መቶ	ሺህ	ሚሊዮን
sada	tuhat	miljon

ቋንቋዎች

keeled

እንግሊዝኛ

inglise

የአሜሪካ እንግሊዝኛ

Ameerika inglise

የቻይና ማንዳሪን

mandariini

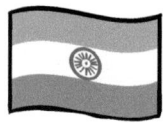

ሂንዱ

hindi

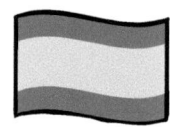

ስፓኒሽ

hispaania

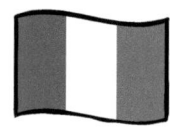

ፍሬንች

prantsuse

አረብኛ

araabia

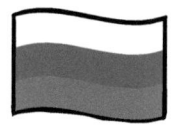

ራሺያኛ

vene

ፖርቱጊዝ

portugali

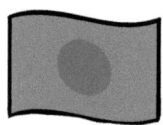

ቤንጋሊ

bengali

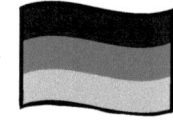

ጀርመን

saksa

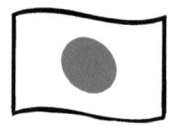

ጃፓንኛ

jaapani

ማን/ ምን/ እንዴት

kes / mis / kuidas

እኔ

mina

አንተ

sina

እሱ/ እርሷ/ እቃዉ

tema

እኛ

meie

አንተ

teie

እነርሱ

nemad

ማን?

kes?

ምን?

mis?

እንዴት?

kuidas?

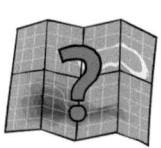

የት?

kus?

መቼ?

millal?

ስም

nimi

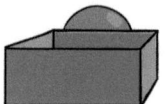

የት
kus

በስተጀርባ

taga

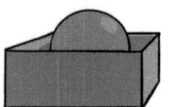

ዉስጥ

sees

ከፊት ለፊት

ees

ከላይ

kohal

ላይ

peal

ከስር

all

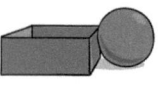

አጠገብ

kõrval

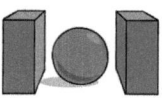

መሃከል

vahel

ቦታ

koht